Bart Matthews

Algerien – Ein Bildband

Herstellung: BoD, Norderstedt

ISBN 9783942129282

Bart Matthews

Algerien – Ein Bildband

Baltic Sea Press

Bon Noura

85 Prozent Algeriens sind von der Sahara bedeckt. Die Sahara ist mit ihren neun Millionen Quadratkilometern die größte Trockenwüste der Erde. Dabei macht die typische Sandwüste jedoch nur zwanzig Prozent der gesamten Sahara aus. Der größte Teil ist hingegen Steinwüste oder Felswüste. die algerische Sahara beispielsweise wird durch die steinige Hammada geprägt. im Südosten erhebt sich das Ahaggar-Massiv mit dem größten Berg des Landes, dem Tahat (2.918 Meter).

Die Temperaturschwankungen in der Sahara sind sehr groß und reichen von 60 Grad tagsüber im Sommer bis minus zehn Grad in Winternächten.

Geologen gehen davon aus, dass sich in der Sahara im Verlauf der Millionen Jahre seit ihrer Entstehung feuchte und trockene Phasen abgewechselt haben. Während des Pleistozäns (von vor 1,8 Millionen bis etwa 11.500 Jahren) war die Sahara begrünt und wasserreicher. Davon zeugen nicht zuletzt die großen Trockenflussbetten (Wadis) und zahlreiche Felsmalereien aus späteren Zeiten.

Der eigentliche Lebensraum Algeriens ist der Norden, der insbesondere vom rohstoffreichen Atlasgebirge geprägt wird. Der Atlas – der in der Antike als westliche Grenze der Welt angesehen wurde – erstreckt sich etwa 2.300 Kilometer über Marokko, Algerien und Tunesien. In der meisten Zeit des Jahres sind die höchsten Gipfel schneebedeckt, der Schnee schmilzt jedoch im Sommer. Der Toubkal ist mit seinen 4.165 Metern der höchste Gipfel des Atlas.
Der Atlas stellt eine markante Scheidelinie zwischen dem feuchten mediterranen Klima im Norden Algeriens und dem trockenen und sehr heißen Wüstenklima dar. Von der Sahara in Richtung Mittelmeer weht der Scirocco. Da er große Menge Wüstenstaub mit sich trägt, bekommt die Luft eine gelblich-graue Färbung. Auch die Schneeoberfläche auf den europäischen Gletschern erhält eine Braunfärbung.

OASE
EL OUED

BEJAIA

Zwischen den beiden Gebirgsketten Tell-Atlas und Sahara-Atlas befindet sich das Hochland der Schotts. Die Schotts sind jährlich austrocknende Salzseen, die sich in den zahlreichen Tälern des Hochlandes befinden.

Im Atlas-Gebirge begegnet uns eine vielfältige Tierwelt. Im Norden insbesondere Wildschweine und Esel, im Süden Gazellen, Geparden, Leoparden, Hyänen, Wüstenhasen und Wüstenspringmäuse. In beiden Regionen leben viele Schlangen.

Auch wegen der umfangreichen Abholzung in der Vergangenheit hat Algerien heute nur noch einen Waldanteil von zwei Prozent. Durch Aufforstung wird jedoch versucht, der Ausbreitung der Wüste entgegen zu wirken.

Von den 32 Millionen Einwohnern Algeriens leben 96 Prozent im nördlichen Landesteil. Alle größeren Städte Algeriens befinden sich im Norden. El Djelfa mit seinen etwa 235.000 Einwohnern ist die am höchsten gelegene große algerische Stadt in über 1.100 Metern Höhe. Fast alle Algerier sind sunnitische Moslems.

Die Bevölkerung Algeriens besteht zu siebzig Prozent aus Arabern und zu dreißig Prozent aus verschiedenen und zum Teil arabisierten Berberstämmen. Die beiden Volksgruppen verschmelzen sich immer mehr. Die Bevölkerung ist sehr jung, etwa ein Drittel der Algerier ist unter 15 Jahre alt.

Landessprachen sind Arabisch und seit kurzem auch Berberisch. In Bildung und Wirtschaft spielt auch Französisch nach wie vor eine große Rolle.

Tipasa

Die Spuren menschlicher Besiedlung des heutigen Algeriens reichen weit in die Vergangenheit zurück. Bei Saïda wurden 200.000 Jahre alte Überreste gefunden. Zwischen 6.000 und 2.000 v. Chr. bildeten sich Landwirtschaft und Tierhaltung heraus. Damals war das Klima feuchter und eher savannen- als wüstenartig. In der Gebirgskette Tassili n'Ajjer finden sich wunderschöne prähistorische Felsmalereien, die 1850 vom deutschen Afrikaforscher Heinrich Barth entdeckt wurden.

الجزائر
ALGERIE
150

In der vorrömischen Zeit bildeten sich auf dem Territorium des heutigen Algeriens verschiedene unabhängige Reiche heraus. Aus der Vielzahl der verschiedenen Völker bildete sich der Stamm der Berber heraus, die aufgrund der fehlenden Schriftsprache aber kaum Spuren in der Geschichte hinterlassen haben. Seit 4.000 v. Chr. wurden die Berber durch einfallenden Völker (Phönizier, Römer, Vandalen, Araber, Türken) immer weiter von den Küsten ins Landesinnere zurückgedrängt.

Um 900 v. Chr. erreichten die ersten phönizischen Händler die algerische Küste und errichteten um das Jahr 800 die Stadt Karthago (im heutigen Tunesien). Es entstand eine bedeutende See- und Handelsmacht, die auch mit den Berbern regen Handel trieb. In der reichsten Stadt des Mittelmeerraums lebten etwa 400.000 Menschen.

Karthago gründete zahlreiche Kolonien im Mittelmeerraum, geriet aber auch dadurch in einen Konflikt mit dem aufstrebenden Rom. In den Punischen Kriegen entschied sich der Kampf um die Hegemonie im Mittelmeer zu Gunsten Roms.

Timgad

Mit dem Niedergang Karthagos wuchs die Macht der Berber im Hinterland. Gegen Ende des 3. Jahrhunderts v. Chr. entstand das Königreich Numidien sowie das Königreich Mauretanien, das den Norden Marokkos und den Westen Algeriens umfasste. Numidien stellte die Vereinigung einiger Reiche unter Massinissa (238-149 v. Chr.) dar.
Massinissa blieb über fünfzig Jahr der erste König Numidiens. Er trug maßgeblich zum Niedergang Karthagos bei, musste aber erkenne, dass er damit nur den Aufstieg Roms zum neuen Hegemon in Nordafrikas beförderte. Nach dem Tode Massinissas teilte Scipio der Jüngere das Reich unter seinen Söhnen auf. Nordafrika wurde zum Brotkorb des Römischen Reiches und versorgte Rom mit Getreide. 24 n. Chr. wurde Numidien von Rom annektiert. Die Gesellschaft der Berber litt unter Zerfallserscheinungen, die durch die Ausbreitung des Christentums ab dem 2. Jahrhundert noch verstärkt wurden.

Im frühen Mittelalter war die Herrschaft über das heutige Algerien in zahlreiche Stämme zersplittert, die sich wiederum in Unterstämme zergliederten und eine eigene Souveränität für ihr Territorium beanspruchten. Eine Vereinigung gelang nicht.
Im 7. Jahrhundert wurde das heutige Algerien dann von den Arabern überrollt, die mit der Verbreitung des Islam die Stammesgesellschaft tiefgreifend und vor allem nachhaltig veränderten. Während die Berber die neue Religion bereitwillig annahmen, dauerte es bis ins 12. Jahrhundert, bis die jüdischen und christlichen Gemeinden ihre Bedeutung eingebüßt hatten.
So bereitwillig die Berber Moslems wurden, sie wollten sich doch nicht unbedingt mit der Herrschaft der Fremden abfinden, von denen sie hoch besteuert, diskriminiert und manchmal sogar versklavt wurden. Im Jahre 739 wagten die Berber mit den Charidschiten, neben Sunniten und Schiiten Anhänger einer der drei ursprünglichen Glaubensrichtungen im Islam, den Aufstand. In der Folge entstanden in Algerien einige kurzlebige charidschitische Reiche. Das Mittelalter war für Algerien eine Zeit politischer Instabilität und wirtschaftlichen Niedergangs.

Mit dem Fall von Granada im Jahre 1492 erreichte die Re-Christianisierung Spaniens ihren Höhepunkt. Spanien errichtete an der algerischen Mittelmeerküste militärische Außenposten und begann, Tribute einzutreiben. Für Historiker stellt es bis heute ein Rätsel dar, warum die Spanier darauf verzichteten, ihre Herrschaft ins Landesinnere voranzutreiben.
Im 16. Jahrhundert wurde Algier zum wichtigsten Hafen für Kaperschiffe. Die Korsaren entwickelten sich zu einer ernsten Bedrohung für die spanische Herrschaft an der Küste. Khair ad-Din Barbarossa und sein Bruder Arudsch wurden mit diesem Gewerbe reich und eroberten schließlich im Jahre 1516 Algerien, wo er im Laufe der Zeit die Stämme des Hinterlandes unterwarf. Khair ad-Din wurde Bey von Algier und erkannte die osmanische Oberherrschaft an, woraufhin ihn die Türken zum Pascha ernannten. Bald wurde er auch Oberbefehlshaber der osmanischen Flotte im Mittelmeer.

Im 17. Jahrhundert bombardierten französische Kriegsschiffe bei verschiedenen Gelegenheiten, um der Piraterie Herr zu werden. Doch es dauerte noch lange Zeit, bis sich der friedliche Handel durchsetzte. Im Jahre 1830 begann die Zeit der französischen Kolonialherrschaft.

Die Franzosen begannen 1830 mit der Eroberung des Landes, der sich im Westen Abd el-Kader (1808-1883) entgegenstellte. Der berühmte Freiheitskämpfer vereinigte die Berberstämme im Westteil Algeriens und stellte sich an die Spitze des bis 1847 währenden Kampfes. Mit seiner Guerillataktik konnte er trotz zahlreicher Niederlagen bestehen, bis ihn die Franzosen mit einem systematischen Vernichtungskrieg gegen seine Anhänger in die Knie zwangen. Abd el-Kader musste Nordafrika verlassen.

Bejaia

1848 wurde Algerien integraler Bestandteil Frankreichs und Siedlungskolonie. Einheimische wurden enteignet, um Land für die einströmenden Siedler zu beschaffen. Der dagegen gerichtete Aufstand in der Kabylei (1870/71) wurde von 80.000 Soldaten niedergeschlagen. Algerien verlor ein Viertel seiner Bevölkerung, und die Einheimischen lebten fortan unter einer besonderen Gerichtsbarkeit, die einem permanenten Ausnahmezustand ähnelte.

Bis 1906 unterwarfen die Franzosen auch den algerischen Teil der Sahara. Algerien bildete nun gemeinsam mit Tunesien und Marokko einen Teil Französisch-Nordafrikas.

Die französische Kolonialherrschaft war ungerecht und brutal. Ihren schmerzvollen Höhepunkt erreichte sie 1945 im Massaker von Sétif. Als die Franzosen versuchten, eine Demonstration algerischer Nationalisten zu unterdrücken, wehrten sich diese und machten Jagd auf Europäer. In den folgenden Tagen starben etwa hundert Franzosen. Die Kolonialfranzosen organisierten sich in Milizen und übten grausame Rache. Armee und Marine bombardierten Dörfer mit Aufständischen.

In Algerien spricht man heute von 45.000 Menschen, die der französischen Gewalt zum Opfer gefallen seien. Frankreich weigerte sich jahrzehntelang, das Massaker einzugestehen. Es wurde jedoch zum Ausgangspunkt für den bewaffneten Freiheitskampf der Algerier, der 1954 beginnen sollte.

Frankreich verweigerte Algerien nach 1945 schon mit Rücksicht auf die 800.000 französischen Siedler die Unabhängigkeit. 1954 begann der Algerien-Krieg, als die algerische Befreiungsfront (FLN) den bewaffneten Kampf gegen Frankreich aufnahm.
Die Zahl der französischen Soldaten wuchs in den folgenden Jahren auf eine halbe Million an, darunter befanden sich viele Fremdenlegionäre. Beide Seiten führten einen schmutzigen Krieg. Die Franzosen folterten Verdächtige. Diese Brutalität erwies sich anfangs als durchaus erfolgreich, so etwa beim Sieg in der „Schlacht von Algier" 1957. Doch auch eine Zwangsumsiedlung von über einer Million Einheimischer in KZ-ähnliche Dörfer konnte keine Befriedung des Landes bewirken.

Der Algerienkrieg wurde in Frankreich immer unpopulärer, sodass sich bald eine Mehrheit für die algerische Unabhängigkeit aussprach, so zum Beispiel 1961 in einem Referendum. Die politische Linke prangerte die grausame Kriegführung an. Staatspräsident de Gaulle wollte den Weg zu einem dauerhaften Waffenstillstand ebnen, hatte aber mit starken Widerständen seitens der Siedler und Teilen des französischen Militärs zu kämpfen. Die Siedler und ihre Geheimorganisation OAS verübten in Algerien Terrorakte, die von den Algeriern ihrerseits mit Gewalt beantwortet wurden.

In Frankreich war eine offene Diskussion über den Konflikt kaum möglich. Der Staat reagierte auf kritische Berichterstattung mit Zensur und Berufsverboten. Im Oktober töteten Pariser Polizisten fast 200 friedliche algerische Demonstranten („Massaker von Paris“), deren Leichen teilweise einfach in die Seine geworfen wurden.

Frankreich tat sich auch deshalb mit dem Verlust Algeriens schwer, weil man in der Sahara Atombombenversuche durchführen konnte. Zehntausende Algerier trugen dabei schwere gesundheitliche Schäden davon.

De Gaulle erkannte, dass er einen Ausweg aus dem blutigen Konflikt finden musste. Im Abkommen von Évian erkannte Frankreich 1962 die Selbstbestimmung Algeriens an. Zu Hunderttausenden flüchteten die Siedler aus Algerien nach Frankreich, obwohl man ihnen ihr Eigentum garantiert hatte. Allerdings drohte die FLN den nicht-muslimischen Siedlern mit Ermordung.

Über 17.000 französische Soldaten waren dem Algerienkrieg zum Opfer gefallen. Die Zahl der getöteten Algerier schwankt zwischen 350.000 (nach französischen Angaben) und 1,5 Millionen (nach algerischen Angaben). Nach Ende des Krieges überließen die Franzosen ihre 150.000 muslimischen Hilfskräfte ihrem Schicksal, das in den meisten Fällen den sicheren Tod bedeutete.

In der Folge des Algerienkrieges errang das Militär einen starken Einfluss auf die Politik, der eine demokratische Entwicklung des Landes bis heute behindert. Erster Präsident des unabhängigen Algeriens wurde Ahmed Ben Bella, der die FLN in eine sozialistische orientierte Einheitspartei umwandelte. Doch er wurde schon 1965 in einem blutigen Putsch mit Hilfe der Armee gestürzt. Der neue Staatspräsident Houari Boumedienne (bis 1978) trieb mit Hilfe der Einnahmen aus dem Erdöl die Industrialisierung Algeriens voran und konnte durchaus wirtschaftliche Erfolge vorweisen. Nach wie vor war die Politik sozialistisch geprägt, orientierte sich aber auch am Islam.

Als der Ölpreis sank, fand der algerische Wirtschaftsboom ein Ende. Ende der achtziger Jahre wurde Algerien aufgrund der hohen Arbeitslosigkeit und Wohnungsnot von sozialen Unruhen erschüttert. Staatspräsident Bendjedid versprach demokratische Reformen, die jedoch 1991 zum Sieg der Islamisten der Islamischen Heilspartei (FIS) in der Parlamentswahl führten. Das Militär griff ein und zwang den Präsidenten zum Rücktritt. Die FIS wurde verboten. Die Islamisten reagierten auf die politische Unterdrückung mit Terroranschlägen. Bis heute sind diesen Auseinandersetzungen – die in den neunziger Jahren den Charakter eines Bürgerkrieges annahmen – etwa 120.000 Menschen zum Opfer gefallen. Auch die sozialen Probleme sind nach wie vor sehr groß. Die Arbeitslosigkeit unter Jugendlichen liegt bei achtzig Prozent.

Größte Stadt Algeriens und gleichzeitig die Hauptstadt ist Algier. In der am Mittelmeer gelegenen Stadt leben etwa 2,2 Millionen Menschen. Algier hat eine lange und bewegte Geschichte. Sie reicht bis etwa 1.200 Jahre v. Chr. zurück, als phoenizische Kaufleute hier eine Handelsniederlassung errichteten. Sie gehörte später zum Römischen Reich, 429 wurde die Stadt von den Vandalen erobert und gehörte ab 533 zum Byzantinischen Reich. Nach der Zerstörung durch arabische Streitkräfte im Jahre 681 fiel der Ort der Vergessenheit anheim. Bedeutung erlangte Algier erst wieder im 16. Jahrhundert als Stützpunkt für muslimische Seeräuber, die Korsaren. Lange versuchten die Europäer vergebens, die Stadt zu erobern. Dies gelang erst den Franzosen im Jahre 1830. In den folgenden Jahrzehnten wurden die Europäer zu einer Mehrheit in der Stadt. Heute leben nur noch wenige tausend Europäer in Algier.

Die Altstadt Algiers gehört zum Weltkulturerbe. Sie ist auch als Kasbah bekannt, wobei dieser Name ursprünglich nur auf die hier befindliche Zitadelle aus dem 16. Jahrhundert bezogen wurde. In der Kasbah befinden sich zahlreiche Moscheen und Paläste aus maurischer Zeit. In den 1860er Jahren wurde eine 2.000 Meter lange Terrasse mit einem ornamentalen Geländer – der heutige Boulevard Che Guevara – errichtet. Die Terrasse ruht auf einer doppelten Reihe von etwa 350 Bögen.

Le Grand Palmier Blanc

Ghardaia

Bildnachweis:

Titel: © **bahmed kaci** - Shutterstock
S. 5 © **bahmed kaci** - Shutterstock
S. 6-8 © **Christian Lebon** - Fotolia.com
S. 9 © **Johann Ertl** - Fotolia.com
S. 10 © **Khebbab Hannache** - Fotolia.com
S.11-15 © **kavcic@arcor.de** - Fotolia.com
S. 16 © **Nadja** - Fotolia.com
S. 17-18,20 © **pascal bierret** - Fotolia.com
S. 21 © **sculp3d** - Fotolia.com
S. 22 © **toufikbobo** - Fotolia.com
S. 23 © **toufikbobo** - Fotolia.com
S. 24 © **Worldwide Pictures** - Fotolia.com
S. 26 © **Libor Piska** – Shutterstock
S. 27 © **Renate W** - Fotolia.com
S. 28 © **Styve Reineck** - Shutterstock
S. 29 © **Roca** - Shutterstock
S. 30 © **Mammut Vision** - Shutterstock
S. 32 © **Carole Castelli** - Shutterstock
S. 33 © **Anthony Maragou** - Shutterstock
S. 34 © **Anthony Maragou** - Shutterstock
S. 35 © **Mauro Pezzotta** - Shutterstock
S. 36 © **Vladimir Melnik** - Shutterstock
S. 38 © **Tommaso Lizzul** - Shutterstock
S. 40 © **Pierre-Jean Durieu** - Shutterstock
S. 41 © **Pierre-Jean Durieu** - Shutterstock
S. 42 © **Pierre-Jean Durieu** - Shutterstock
S. 43 © **Mauro Pezzotta** - Shutterstock
S. 44 © **Mauro Pezzotta** - Shutterstock
S. 46 © **WitR** - Shutterstock
S. 47 © **WitR** - Shutterstock
S. 48 © **WitR** - Shutterstock
S. 49 © **WitR** - Shutterstock
S. 52-62 © **Autor**

S. 64 © **100dinars** - Fotolia.com
S. 66 © **celeste clochard** - Fotolia.com
S. 68 © **celeste clochard** - Fotolia.com
S. 72 © **Carole Castelli** - Shutterstock
S. 73 © **Carole Castelli** - Shutterstock
S. 76-78 © **skyphoto1** - Fotolia.com
S. 79 © **Saenjo** - Fotolia.com
S. 80 © **Carole Castelli** - Shutterstock
S. 81 © **Alexey Bykov** - Shutterstock
S. 82 © **Toufik Amine TALEB** - Fotolia.com
S. 83 © **Vincent Ruf** - Fotolia.com
S. 84 © **Tom Galierik** - Fotolia.com
S. 85 © **Freshwater Seas** - Fotolia.com
S. 86 © **Robert Ulph** - Fotolia.com
S. 87 © **Freshwater Seas** - Fotolia.com
S. 88 © **Oleg Seleznev** - Fotolia.com
S. 89 © **Attila JÁNDI** - Shutterstock
S. 90 © **Robert Ulph** - Fotolia.com
S. 91 © **Ferderic B** - Shutterstock
S. 92 © **Ferderic B** - Shutterstock
S. 93 © **Ferderic B** - Shutterstock
S. 94 © **Ferderic B** - Shutterstock
S. 95 © **toufikbobo** - Fotolia.com